글쓴이 김성은

한 사람의 정의로운 행동은 무엇을 불러올까요?
자신뿐 아니라 다른 사람도 옳은 일을 할 수 있도록 용기를 주고,
다 함께 행복한 세상을 만들어 가는 첫걸음이 된답니다.
그동안 쓴 책으로《공감 씨는 힘이 세!》,《소통 씨는 잘 통해!》,《존중 씨는 따뜻해!》,
《평등 씨는 공평해!》,《마음이 풍풍풍》,《비밀 물고기》,《지도 펴고 세계 여행》,
《그때, 상처 속에서는》,《그때, 나무 속에서는》들이 있습니다.

그린이 김소희

작은 집에서 고양이들과 먹고 마시며 다양한 어린이책에 그림을 그립니다.
월간〈함께 사는 길〉과〈어린이동산〉에 만화를 연재했으며, 만화책《반달》을 쓰고 그렸습니다.
그동안 그린 책으로《다음 세대를 위한 북한 안내서》,《지구를 구하는 발명책》,
《어린이 대학 : 생물》,《세상에서 가장 슬픈 여행자, 난민》들이 있습니다.

정의 씨는 용감해!

ⓒ 김성은·김소희, 2019

초판 1쇄 발행 2019년 1월 21일 | 초판 2쇄 발행 2024년 9월 20일
ISBN 979-11-5836-123-5, 979-11-5836-043-6(세트)

펴낸이 임선희 | 펴낸곳 ㈜책읽는곰 | 출판등록 제2017-000301호 | 주소 서울시 마포구 성지길 48 | 전화 02-332-2672~3
팩스 02-338-2672 | 홈페이지 www.bearbooks.co.kr | 전자우편 bear@bearbooks.co.kr | SNS Instagram@bearbooks_publishers
편집 우지영, 우진영, 이다정, 최아라, 박혜진, 윤주영, 홍은채 | 디자인 김지은, 김아미, 김은지, 이설 | 마케팅 정승호, 배현석, 김선아, 이서윤, 백경희
경영관리 고성림, 이민종 | 저작권 민유리 | 협력업체 이피에스, 두성피앤엘, 월드페이퍼, 원방드라이보드, 해인문화사, 으뜸래핑, 도서유통 천리마

이 책은 저작권법에 따라 보호받는 저작물이므로 무단 전재와 무단 복제를 금합니다.
이 책 내용의 전부 또는 일부를 사용하시려면 반드시 저작권자와 출판사의 동의를 얻어야 합니다.

 KC마크는 이 제품이 공통안전기준에 적합하였음을 의미합니다.
제조국 : 대한민국 | 사용 연령 : 3세 이상
책 모서리에 부딪히거나 종이에 베이지 않도록 주의해 주세요.

정의 씨는 용감해!

김성은 글 · 김소희 그림

안녕? 반가워.
나는 씩씩하고 용감한
정의 씨야!

 # 사람이 행동하는 데는 여러 가지 이유가 있어.

건강하게 살아가기 위해

즐거움을 얻기 위해

목표를 이루기 위해

사람들과 어울려 살아가기 위해

 # 때로는 옳다고 믿는 것을 위해 행동하지.

이럴 때 바로 나 정의 씨가 태어난단다.

 # 정의롭다는 건 바르고 떳떳한 거야.

다른 사람을 속이지 않아요.

남의 것을 욕심내지 않아요.

 # 정의롭다는 건 어려움에 처한 사람을 돕는 거야.

저기 봐, 할머니 수레가 넘어졌어.

어떡해.

우리가 도와드리자!

어, 비가 오네.

내가 집까지 우산 씌워 줄게.

 정의롭다는 건 잘못된 일에 당당히 맞서는 거야.

동물을 괴롭히는 아이들에게

혼자만 뺀질거리는 모둠원에게

 너는 어떨 때 '정의'가 필요하다고 느끼니?

누군가 힘으로 약한 사람을 누르려고 할 때

 # 그런데 정의를 지키는 일은 생각처럼 쉽지 않아.

그래, 무엇이 정의롭고 무엇이 정의롭지 않은지는
스스로 생각하고 판단해야 할 때가 많아.
끊임없이 생각하고 판단해서 몸에 익혀야 하지.
그리고 자꾸자꾸 행동으로 실천해야
진짜 정의로운 사람이 될 수 있단다.

너도 정의로운 사람이 되고 싶다고?

정의 연습 ❶ # 스스로에게 질문하기

어떤 행동을 할 때는 '지금 이게 옳은 행동일까?' 스스로에게 여러 번 묻고 답해 보렴. 또 네가 하려는 행동의 결과까지도 짐작해 봐야 한단다.

용태가 동아리 애들한테 네 글라이더, 아빠가 다 만들어 준 거라고 흉보고 다닌대. 너는 만들 줄도 모른다고.

뭐! 회장 선거에서 이기려고 그런 헛소문을 퍼트린단 말이야?

저렇게 치사하게 나올 줄 몰랐네. 나도 용태 비밀을 확 퍼트려 버릴까?

아냐! 그러면 용태랑 똑같은 사람이 되는 거잖아. 나는 멋진 공약으로 정정당당하게 이길 거야.

내가 회장이 되면 중학교나 고등학교 글라이더 동아리랑 자매결연을 맺어서 우리 실력을 쑥쑥 키울 거야.

정의 연습 ❷ # 사람을 먼저 생각하기

잘잘못을 따지기 전에 사람을 먼저 챙겨요.

나쁜 짓을 한 사람이라고 때려도 되는 건 아니에요.

때로는 무엇이 옳은지, 어떻게 행동해야 할지 헷갈릴 때도 있어. 그럴 땐 '사람'을 중심에 놓고 생각해 보렴.

눈앞의 이익보다 사람이 중요해요.

조금 뒤처지더라도 사람에게 상처를 주지 않아요.

정의 연습 ❸ # 정의로운 마음가짐과 태도

정의는 느끼고 생각하는 것에서 나아가 행동으로 실천해야 해.
그러려면 우선 이런 마음가짐과 태도가 필요하지.

정의 연습 ❹ **나라면 어떻게 할까?**

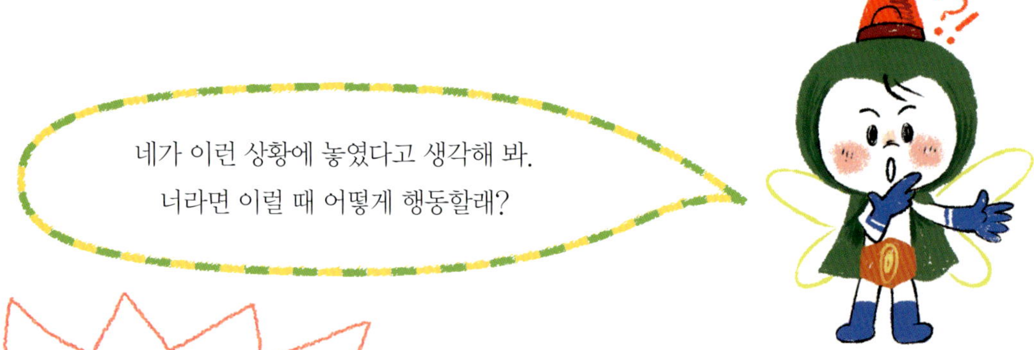

네가 이런 상황에 놓였다고 생각해 봐.
너라면 이럴 때 어떻게 행동할래?

남의 기분은 생각도 않고
함부로 말하는 정아영!
언제까지 받아 줘야 하는 거야?
더는 못 참겠어.

너 머리 어디서 잘랐어? 꼭 자전거 헬멧 같아.

근데 표정은 왜 그래? 수학 시험 망쳐서 그래?

❶ 아영이랑은 눈도 안 맞추고 말을 시켜도 대답하지 않는다.
❷ 다른 애들이랑 이야기해서 아영이를 따돌린다.
❸ 아영이에게 문제점을 정확히 말해 주고 내 기분을 솔직히 전한다.

❶ 남의 일에 끼어들기 싫다고 딱 잘라 말한다.
❷ 친한 친구가 서운해할까 봐 무조건 편을 들어 준다.
❸ 내가 보고 판단한 대로 솔직하게 말한다.

❶ 엄마한테 솔직히 털어놓으라고 언니를 설득한다.
❷ 엄마나 언니가 화내는 게 싫으니까 그냥 모른 척한다.
❸ 엄마한테 쪼르르 달려가 바로 이른다.

 정의로운 행동을 했을 때 너는 어떠니?

정의로운 행동을 하는 사람이
하나둘 늘어날수록
나 정의 씨도 점점 커진단다.
그래서 우리가 사는 지구만큼 커다래지면
어떤 일이 일어날까?

더 정의로운 사람이 되고 싶어.

 # 정의가 커지면 새로운 희망이 생겨.

명규네는 일주일에 한 번씩 지역 아동 센터 아이들을 위해 빵을 구워요.
배고픈 아이들이 줄어들기를 바라거든요.

민아는 시간 날 때마다 엄마랑 같이
가난한 나라 아기들에게 보낼 털모자를 떠요.
갓 태어난 아기들이 추위에 떨어서는
안 된다고 생각하거든요.

 아주 특별한 정의 이야기 • 하나

우리나라에는 30만 명이 넘는 장애 어린이가 있단다. 그런데 이 아이들을 치료할 수 있는 전문 재활 병원은 한 곳도 없었어. 전국에 흩어져 있는 시설에서 재활 치료를 받으려면 길게는 2년까지 기다려야 했지. 그래서 장애인과 그 가족을 도와 온 푸르메재단이 발 벗고 나섰어. 장애 어린이들이 제때 알맞은 치료를 받을 수 있는 '어린이 전문 재활 병원'을 세우기로 한 거야. 우선 400억이 넘는 큰돈을 모으기 위해 국민 모금을 시작했어. 그러자 시민들은 물론이고 작가, 음악가, 운동선수, 가수, 배우 같은 유명인들도 다양한 방법으로 모금과 홍보에 참여했지.

이렇게 1만 명이 넘는 시민과 500군데가 넘는 기업 및 단체의 기부금에 정부와 지자체의 지원까지 더해져, 마침내 장애 어린이와 가족들의 간절한 꿈이 이루어졌단다. 모금 운동을 시작한 지 7년 만인 2016년 서울 상암동에 우리나라 첫 어린이 전문 재활 병원이 들어섰어. 하루 500명, 1년이면 15만 명이 넘는 어린이들이 편안하고 즐겁게 치료를 받게 된 거야. 한 사람 한 사람의 작은 힘이 모이고 모여 장애 어린이들에게 큰 희망을 선물한 셈이지.

 # 정의가 커지면 못 해낼 일이 없어.

모두가 한마음으로 도와 소중한 생명을 구해 냈어요.

아주 특별한 정의 이야기 · 둘

예전에 영국이 인도를 지배할 때 이야기야. 영국 정부는 인도에서 소금을 만들어 팔 권리를 독점하고 소금에 높은 세금을 매겼어. 인도 사람들은 억울하지만 비싼 값에 소금을 사 먹을 수밖에 없었지. 소금 없이는 어떤 음식도 만들 수 없으니까 말이야. 그러자 인도의 독립운동가 간디는 영국 정부에 항의하기 위해 바다를 향해 맨발 행진을 시작했어. 70명 남짓 모여 시작한 소금 행진은 24일 동안 참여 인원이 6만 명 가까이 늘어났단다. 마침내 390킬로미터쯤 떨어진 바닷가에 이르자, 간디는 소금 한 줌을 집어 들고 외쳤어.
"우리 바다에서 나는 소금은 우리 것입니다!"

그 뒤로 보란 듯이 바다에 가서 직접 소금을 만드는 사람들이 늘어났어. 영국 경찰은 몽둥이를 마구 휘두르며 사람들을 잡아 가두었지. 하지만 사람들은 소금 만들기를 멈추지 않았어. 이 싸움이 1년 가까이 계속되자, 영국 정부는 힘으로 인도 사람들을 누를 수 없다는 걸 깨달았어. 마침내 소금법은 무너졌고, 자신감을 얻은 인도 사람들은 독립운동에 더욱 열을 올리게 되었단다.

우리 바다에서 나는 소금은 우리 것입니다!

 # 정의는 손을 꼭 잡고 걷는 거야.

혼자만 빨리 가지 말고, 혼자만 멀리 가지 말고,
한 발 한 발 함께 걸어가는 거야.
옆도 보고 뒤도 보고,
함께 울고 웃으며 걸어가는 거야.
좀 느리면 어때, 멀리 못 가면 어때,
다 함께 즐겁게 가면 되지!